Z. 1606.

*Les Emblesmes et Devises du Roy,
des Princes, et Seigneurs qui l'Accompa-
gnerent en la Caluacate Royale, et Course
de bague que sa Majesté fit au Palais
Cardinal.   1656.
    recüeillies & Dediées
A son Altesse de Guise,
    par Gissey.*   avec Priuil. du Roy.

EXPLICATION
DES
EMBLESMES,
ET DEVISES
du present Liure.

A PARIS,
Chez ANTOINE DE SOMMAVILLE, au Palais, sur le deuxiéme Perron, allant à la Sainte-Chappelle, à l'Escu de France.

M. DC. LVII.
AVEC PRIVILEGE DV ROY.

A son Altesse de Guise

Monseigneur

Dans le dessein que ie me suis proposé de preseñ-
ter à V. A. ces emblemes que i'ay mis au jour suy-
uant le fauorable adueu qu'elle me fit la faueur
de me donner; Ie n'ay pas crû qu'il fust de la
bien seance de mettre le Panegirique d'vn si
grand Prince à la teste d'vn si petit ouurage; et
laissant à nos plus celebres escriuains toutes
les actions illustres de vostre vie; Ie n'ay regardé
que vostre magnificence et vostre bonne grace
dans cette superbe Caualcate ou parurent ces
belles Deuise. Ie scay, Monseigneur la par-
faite intelligence que vous auez de tous les
beaux arts, et le Iencreux acciieil que vous faites a tous ceux qui les exercent noblement; &
bien que ie n'aye pas la temerité de me dire de
ce nombre, ie suis persuadé que si V. A. a toutes
les lumieres pour découurir les beautez d'vn
trauail, elle n'a pas moins de bonté pour en ex-
cuser les defautz. Ie prepare vn liure de plus
grands desseins que i'espere donner au public
souz les auspices de V. A. et ie pouray protester
alors, auec vne hardiesse plus pardonable,
que ie suis
  Monseigneur
    De Vostre Altesse

    Le tres humble tres obeissant
    et tres fidelle Seruiteur. Gissey.

ADVIS
AV LECTEVR.

POur faciliter l'intelligence de ces Deuises, qui pourroient sembler obscures tant à ceux qui n'ont pas la connoissance des langues estrangeres, qu'à beaucoup d'autres qui se rebuttent à la moindre difficulté; I'ay iugé qu'il estoit à propos d'instruire le Lecteur du sens, & du suiet de chaque emblême, sans penetrer toutesfois dans l'intention particuliere de leurs autheurs. En effet ie ne doute point qu'outre la generale explication que ie leur donne, chaque Paladin n'eust encor quelque secret caché qui n'estoit declaré qu'à fort peu de personnes. Mais cela n'est pas venu iusqu'à ma connoissance; & quand ie le sçaurois, ce seroit desobliger ces illustres Amans que d'aller reueler leurs amoureux mysteres. Au reſte, quoy que vous trouuiez en ce diſcours le nom d'Emblême, ou de Deuiſe, ne croyez pas que i'en vſe indifferemment : Car par le mot d'Emblême, i'entens la Peinture qui en compoſe le corps, & par la Deuiſe qui en eſt l'ame, ie ne pretens proprement parler que de l'inſcription, Adieu.

I.

CANDOR I NON NOCET ARDOR.

L'ardeur ne fait point de tort à la Candeur.

LE corps de l'Emblesme est vn vase de Cristal que le Soleil echauffe, & penetre de ses rayons, sans alterer sa blancheur, pour montrer que le cœur le plus chaste peut s'enflammer d'vn amour honeste, & conseruer sa pureté.

II.

NE PIV NE PARI.

Point de Superieur ny d'égal.

Figuré par vn Soleil le premier & le plus beau de tous les Astres. A quoy l'on compare iustement nostre grand Monarque, qui n'a rien au dessus de luy, & qui n'a pas son pareil en excellence.

III.

ALTRA NON MIRO.

Ie n'en regarde point d'autre.

C'est vne Renommée à laquelle aspirent tous les cœurs genereux, en sorte qu'ils n'ont point d'autre but dans toutes leurs belles actions.

IV.

ALL'APPARIR LAMPEGGIA.
Ie brille auſſi-toſt que ie parois.

Auſſi-toſt qu'vne Etoile paroiſt à nos yeux, elle iette vne lumiere brillante. Ainſi les perſonnes de condition ſe font admirer dés qu'ils entrent à la Cour, ou dans les emplois de la guerre.

V.

CON MIRAR ILLVSTRA.
En le regardant il l'éclaire.

Cét Aigle repreſente vne perſonne que la naiſſance, & le merite approchent du Soleil de l'Eſtat, dont les rayons le rendent encor plus illuſtre, auſſi-toſt qu'il le regarde.

V

PLVRA NEGAVIT AMOR.
L'amour m'en a beaucoup plus refuſé.

Ce Bouclier en deüil fait voir que celuy qui prend cette deuiſe, a fait en amour des pertes conſiderables.

VII.

MAS ARDE EL CORACON.
Le cœur brule encor dauantage.

Lors que le Mont-Ætna pousse au dehors quelques flammes, & quelque fumée : Il faut croire que le dedans est beaucoup plus embrasé, de mesme les soupirs des Amans discrets, montrent que le Cœur est enflammé d'vn feu plus violent.

VIII.

PROVA, ET ACCENDE.
Il l'éprouue & l'échauffe.

Comme le Soleil échauffe vn Aiglon, lors qu'il s'expose à ses rayons & fait reconnoistre la viuacité de ses yeux. De mesme vn ieune Seigneur s'éprouue & s'anime aux grandes actions par la presence de son Prince.

IX.

LA CORRO.
C'est-là que ie cours.

Cette Embléme represente vn Heros qui s'expose à trauers des precipices, aux Monstres, aux Geans,

& à la mort mesme, pour arriuer à la gloire qui doit couronner ses trauaux. L'application est tres-facile à faire.

X.

QV'IMPORTA QVE MATEN SE RESVSCITAN.

Qu'importe que ie meure, puisque ie resuscite ?

La figure est vn Phœnix, dont le Soleil ayant allumé le bucher, il le brule & le consomme; mais quelque temps apres il le fait reuiure & renaistre de ses cendres. De mesme vn grand cœur s'expose hardiment à vne mort honnorable, estant asseuré que sa mort mesme le doit rendre à iamais immortel & glorieux.

XI.

FERE MA GIOVA.

Il frappe, mais il guerit.

Il fait allusion sur le Dard de Thelephe qui guerissoit les blesseures qu'il auoit faites. Pour faire entendre qu'il n'y a que l'amour qui fasse le mal, & porte le remede.

XII.

Que mon supplice est doux !

Cette tour fait allusion sur le nom & les armes de la persone qui fait le suiet de cette deuise, témoignant
au

au cœur qui luy est attaché, que ces liens, ces flammes, & ces traits amoureux sont vn doux supplice.

XIII.

ARDO PARA SVBIR.

Ie brule pour monter.

Il faut qu'vne fusée volante brule pour s'éleuer en l'air : De mesme vn cœur brulant d'amour ou d'ambition monte plus facilement aux faiste de ses desirs.

XIV.

O LA DICHIOSA, O LA POSTERA.

Ou la premiere, ou la derniere.

On voit en cét Embléme vn Cadran, dont l'aiguille a l'vne de ses pointes sur vne heure ; & l'autre dessus sept, qui est le nombre diametralement opposé : pour faire entendre que le premier ou le dernier iour, il emportera l'honneur de sa course.

XV.

Par celle-cy, i'espere celle-là.

La couronne de laurier que ce Paladin emportera par sa valeur, luy fait esperer celle de Myrthe dont l'amour couronne les trauaux des Amans.

B

XVI.

MAS DENTRO.
Beaucoup plus au dedans.

Le feu qui fort de ce Rocher, témoigne l'embrafemēt qu'il recelle au dedans. Vous pouuez voir l'explication à la septiefme deuife, dont le fens fe rapporte à celle-cy.

XVII.
MAS NE CVBRE.
Il en couure dauantage.

Cette Emblême s'explique comme la precedente.

XVIII.

MEQVE ASSERET ASTRIS.
Elle me maintiendra iufques dans le Ciel.

Tout ainfi qu'Hercule ayant auec fa maffe défait fes ennemis, merita d'eftre mis au nombre des Dieux; Celuy-cy pretend par les mefmes armes s'acquerir l'immortalité.

XIX.
MIHI GLORIA FRVCTVS.
La gloire me fert de fruict.

Le laurier n'a point d'autre fruit que la gloire de

couronner les vainqueurs; auſſi le veritable magñanime, ſans s'attacher à l'vtile, ne ſe doit propoſer que l'honneur pour recompenſe.

XX.

FVOCO SENZA FVME.

Vn feu ſans fumée.

C'eſt l'ame d'vne Emblême qui repreſente vn feu de charbons allumez, d'où l'on ne voit iamais ſortir de fumée. Pour monſtrer qu'vn amour, quoy que violent, ſe conſerue dans ſa pureté, ſans faire paroiſtre aucune marque de ſon feu.

XXI.

GELATA AVVAMPA.

Toute gelée, ie brule.

Figuré par vne Montagne qui toute couuerte de nege, ne laiſſe pas de bruler au dedans; C'eſt à dire que ceux qui par diſcretion ſont froids en apparence, ne ſont pas toutes-fois embraſez d'vn feu moins violent.

XXII.

AMOR ARMA MINISTRAT.

L'amour me fournit d'armes.

On voit icy dépeint le meſme neud Gordien qu'Alexandre trancha de son épée, ayant iugé qu'il estoit impossible de le denoüer. Ainsi l'amour nous donne des armes pour dissiper & trancher toutes les difficultez qui s'opposent à nos desseins.

XXIII.
IAMQVE IN STAT OLYMPO.

Il atteint desia iusqu'au Ciel.

Comme ce Chesne, le Roy des arbres, pousse ses branches dans les nuës. Ainsi à mesure que le genereux croist en honneur & en gloire, il fait monter iusques au Ciel le bruit de ses beaux faits, & de ses vertus.

XXIV.
NON SA MORIRE.

Il ne sçauroit mourir.

Par ce feu Gregeois inextinguible, le Paladin qui prend cette Deuise, veut faire entendre que le feu dōt son cœur est enflammé, ne s'esteindra iamais.

XXV.

Ie suis l'amour & la guerre.

Cet Arc, ce Carquois & ces Flesches, qui seruent en amour aussi bien qu'en guerre, monstrent que les inclinations de la noblesse doiuent s'appliquer à suiure ces deux illustres exercices.

FIN.

Le Roy

Candori non nocet ardor

Le Roy

ne piu ne pari

Mr le Conte de Vivonne   3

Altra non miro

Mr le Conte de Guiche 4

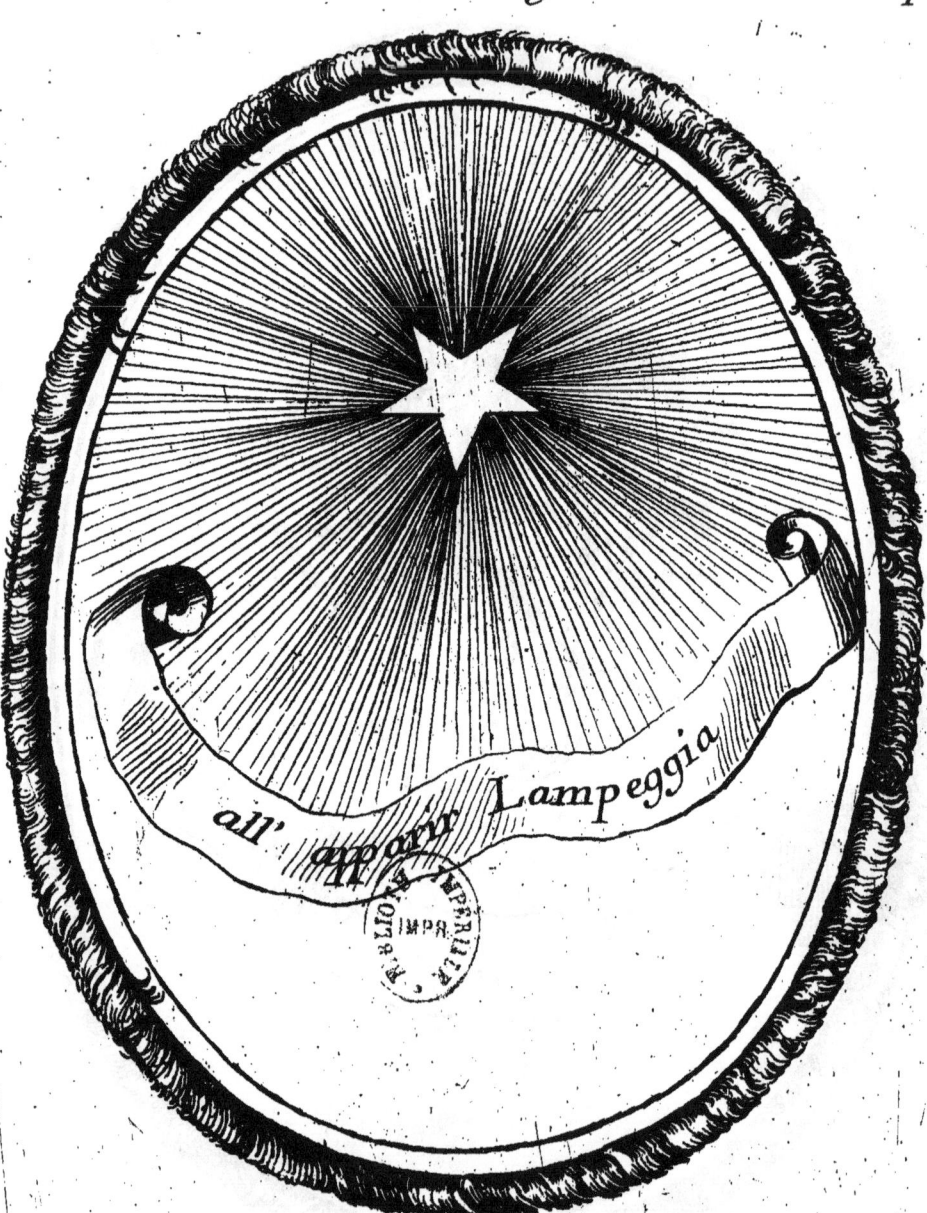

Mr le Marquis de Soyecourt 5

Con mirar Illustra

Mr le Conte de la Feuillade 6

PLVRA.
NEGAVIT.
AMOR.

Mr. le Duc d'Anuille 7

mas ardé el coraçon

M.r le Marquis de Mancini

8

Mr. le Conte de l'Islebonne   9

La Corro

Mr. le Marquis de Charmasel

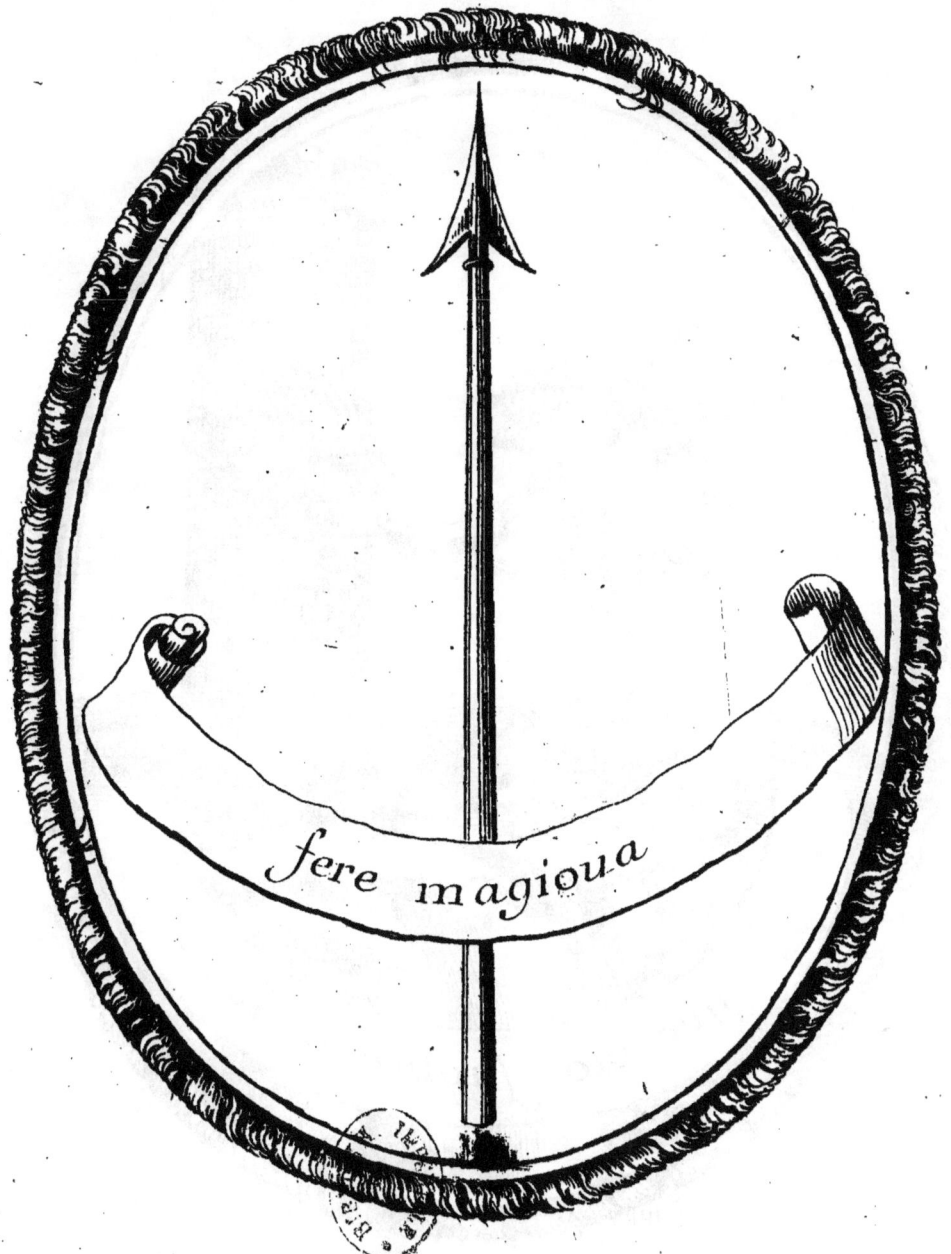

M.^{le} Marquis de Coaquin

que mon suplice est doux

Mr. le Marquis de Richelieu

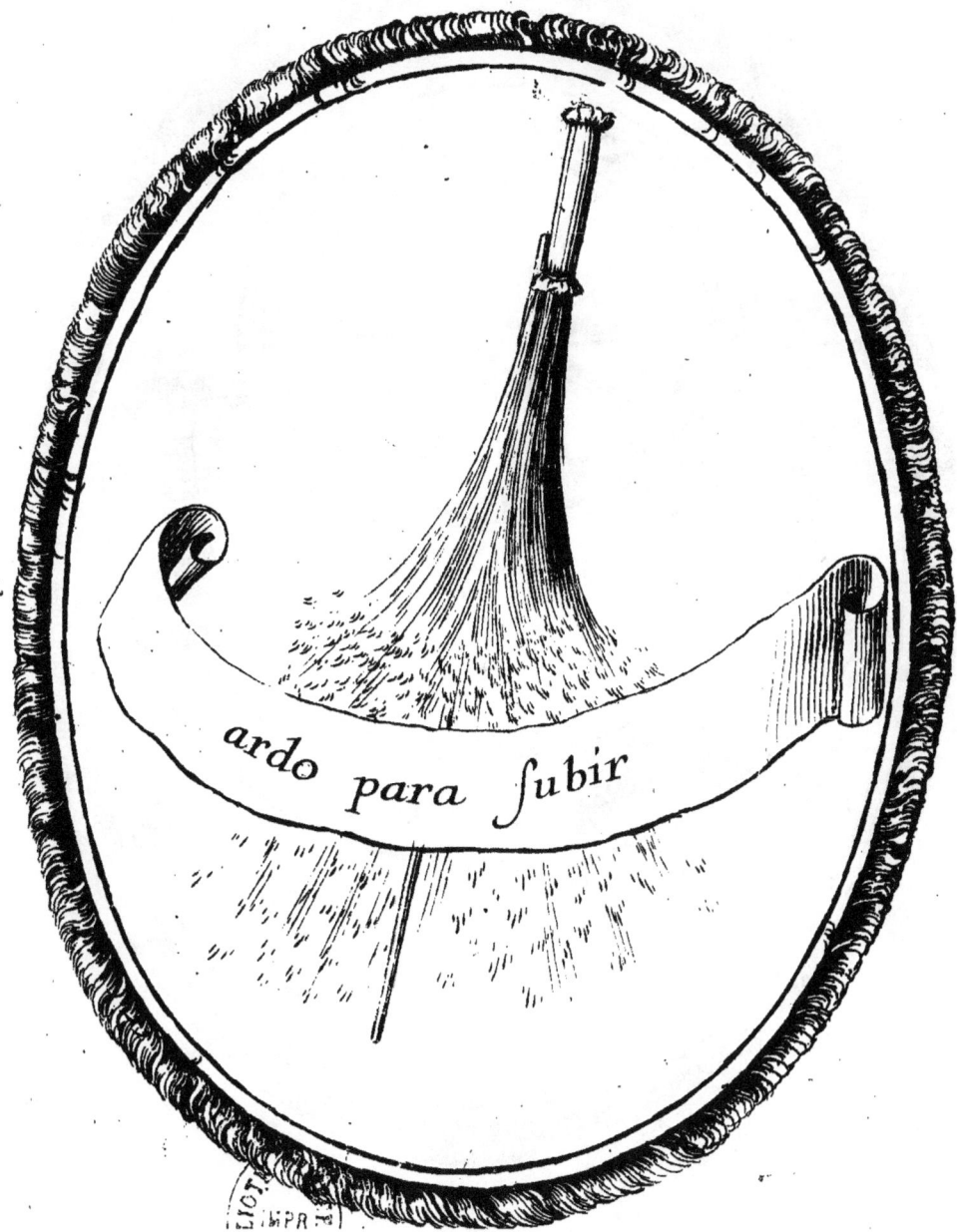

ardo para subir

Mr. le Conte de Moret

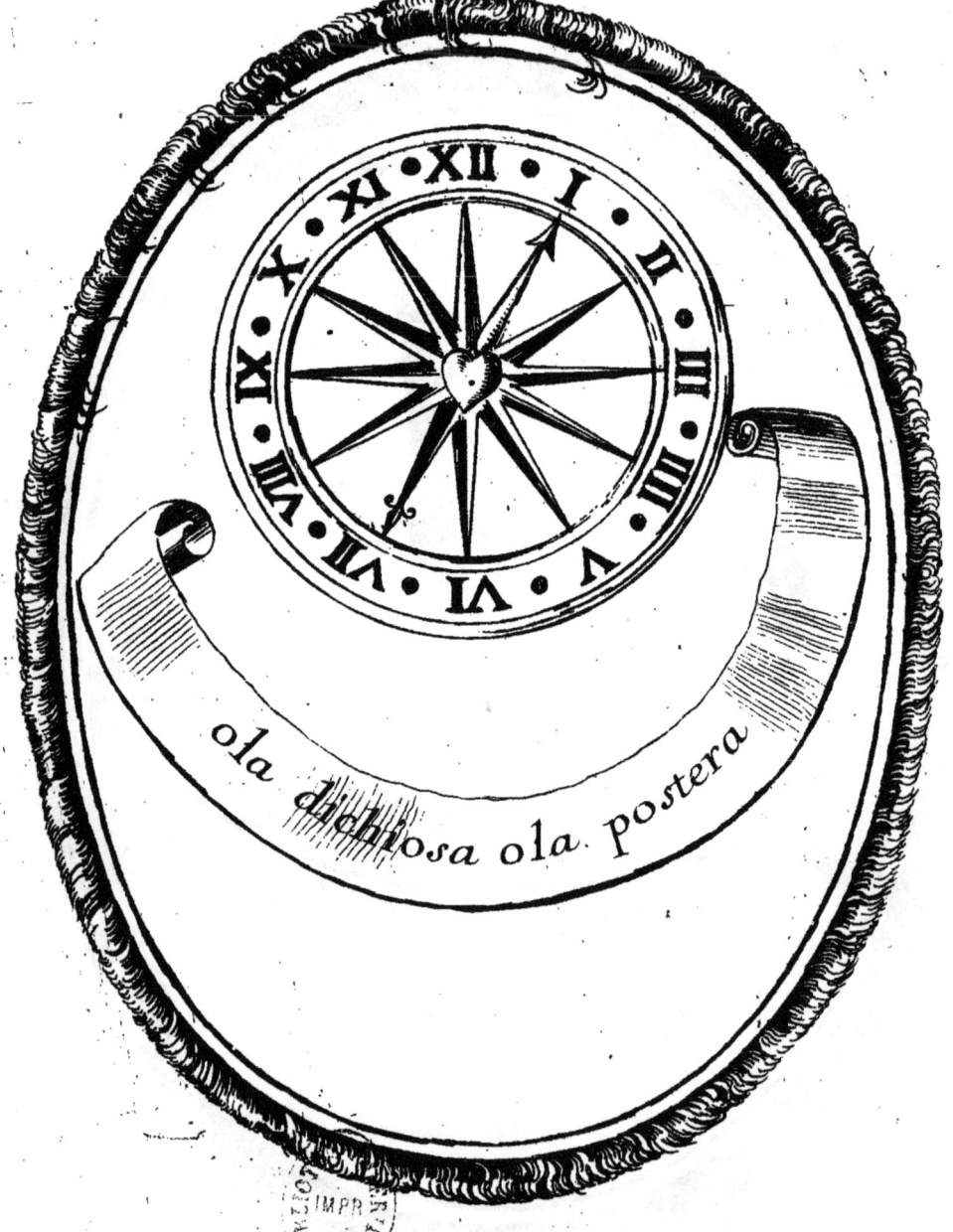

M.^r le Cheuallier de Rohan

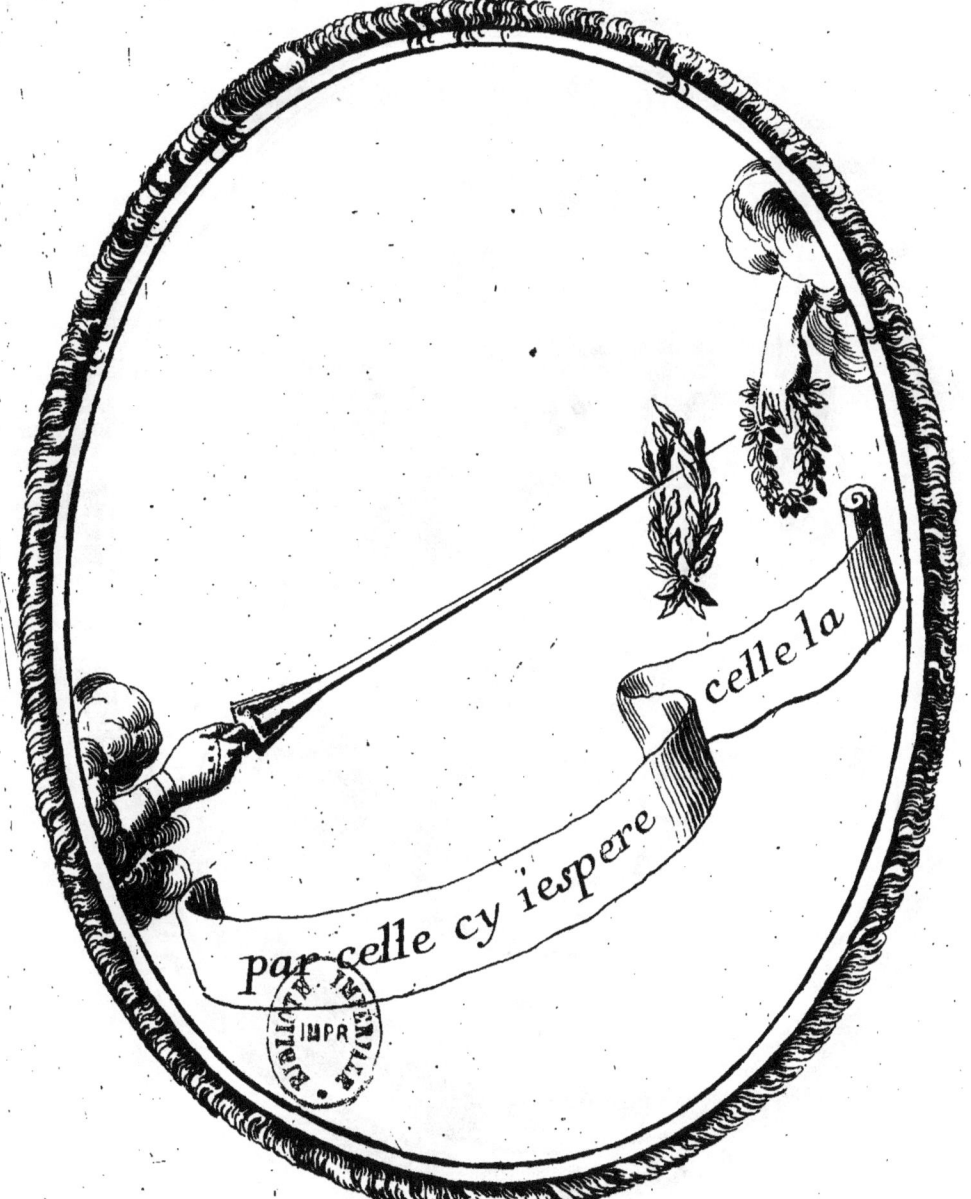

par celle cy iespere celle la

Mr. le Marquis d'Alluy 16

mas d'entro

Mr. le Prince de Marcillac 17

mas né cubré

Mr le Duc de Candale 18

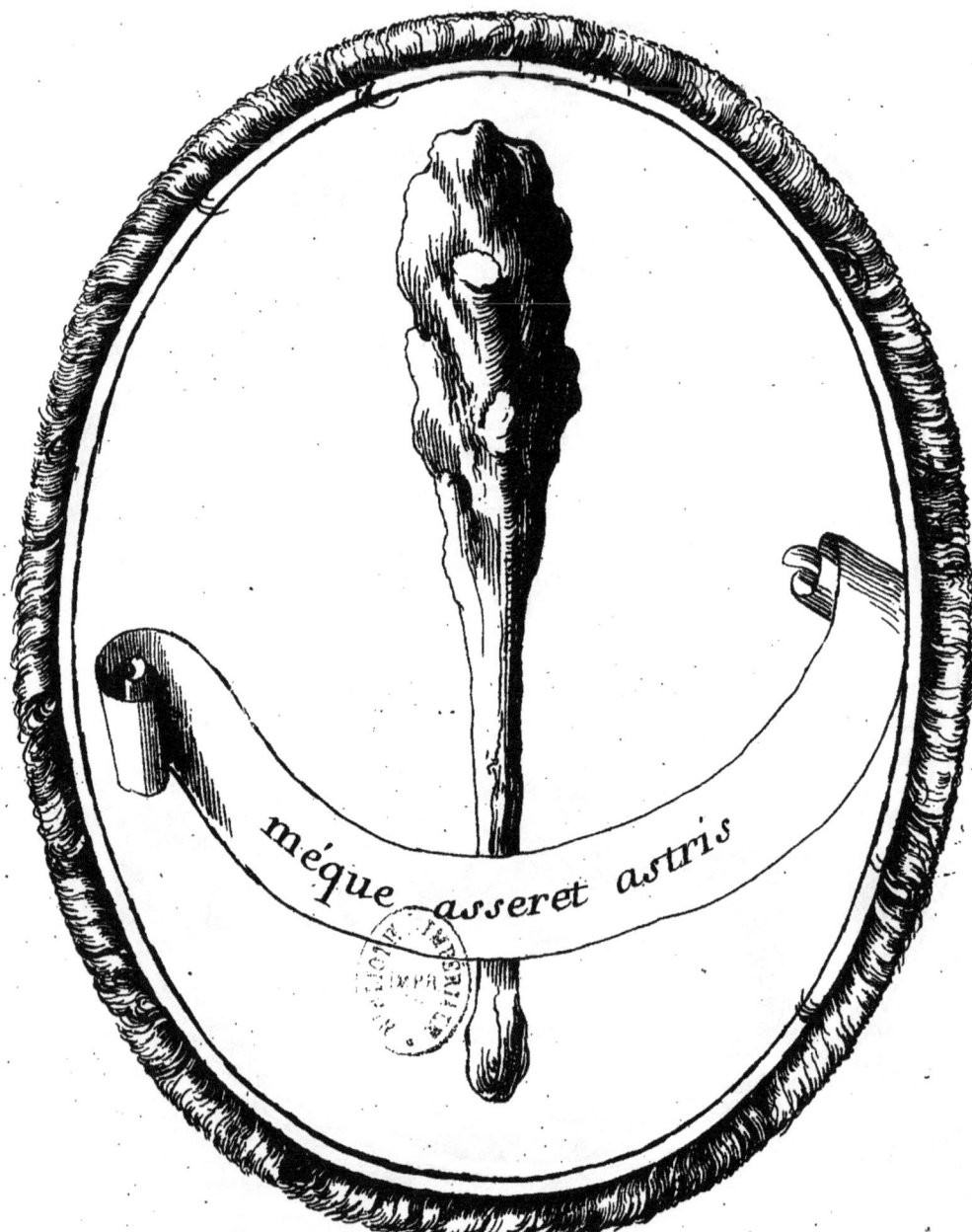

Mr le Marquis d'Humieres 19

Mr. le Marquis de Bellefonds 20

fuoco senza fume

M.^r le Cheuallier de Grandmont

Gelata auuampa

Mr. le Conte du Plessis 22

Mr. le Conte du Lude 23

Iamque Instat olympo

Mr. le Marquis de Piquelin 24

non sa morire

www.ingramcontent.com/pod-product-compliance
Lightning Source LLC
Chambersburg PA
CBHW060708050426
42451CB00010B/1333